DRA. HENNY ADMONI AMY GRIMES

RoboTs
INTELIGENCIA ARTIFICIAL Y ROBÓTICA

Traducción:
Isabel Hurtado de Mendoza Azaola

ÍNDICE

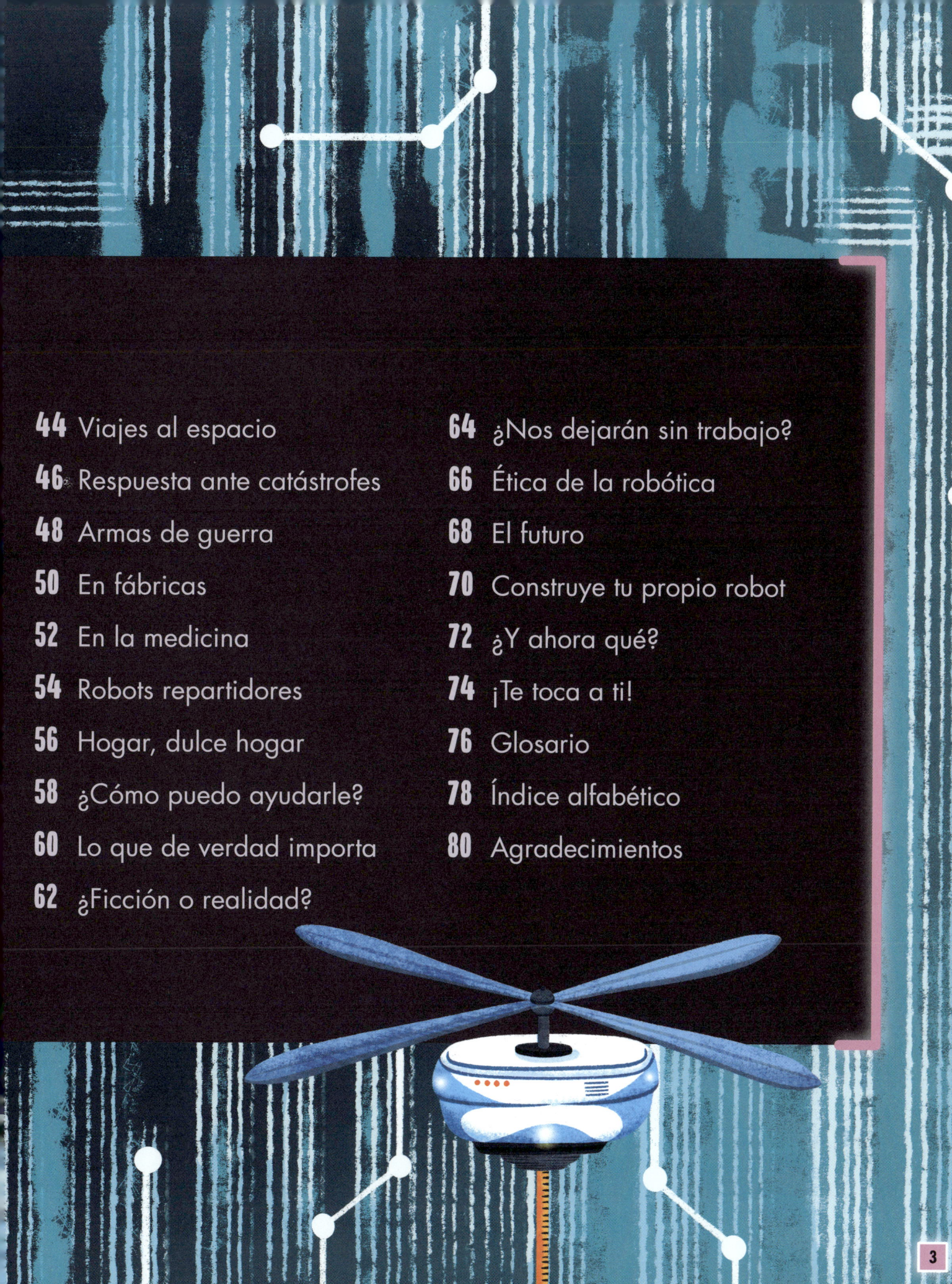

EL FUTURO YA ESTÁ AQUÍ

¿Alguna vez te has planteado de qué están hechos los robots? ¿Te preguntas si piensan o qué son capaces de hacer? Entonces, ¡has elegido el libro ideal! Porque te lo voy a contar todo sobre cómo se construyen y utilizan los robots.

Primero, hablaremos de qué son los robots y te contaré su historia. A continuación, nos centraremos en su «cerebro» y en cómo usan la inteligencia artificial para ver el mundo que los rodea y comunicarse con él. También os explicaré de qué están fabricados y cómo pueden moverse y funcionar. Después de conocer su cerebro y su cuerpo, veremos para qué pueden utilizarse los robots, desde la exploración submarina hasta los viajes al espacio. Y, por último, hablaremos de su papel en la sociedad y de cómo pueden mejorar nuestro mundo.

Me llamo Henny Admoni y soy profesora de robótica. ¡El mejor trabajo del mundo! Antes no sabía nada sobre robots y tuve que estudiar mucho para ser una experta. Espero que, con este libro, tú también aprendas cosas que no sabías sobre los robots y te animes a seguir estudiando. ¡Que lo disfrutes!

Henny Admoni

HISTORIA DE LOS ROBOTS

La humanidad lleva muchísimo tiempo imaginándose robots. Los primeros eran mecánicos y se movían gracias al aire o algún líquido. ¡Y es que aún no se había inventado la electricidad! Durante gran parte de la historia, los robots no eran inteligentes: solo sabían seguir instrucciones sencillas. Hoy son mucho más avanzados y pueden utilizar la inteligencia artificial (IA) para realizar todo tipo de tareas increíbles.

El Turco

Año 400 a. C.
PRIMEROS ROBOTS

Hace miles de años empezaron a inventarse máquinas capaces de moverse con vapor y pesas. Se piensa que, en la antigua Grecia, Arquitas de Tarento creó una paloma voladora de madera. En los templos se levantaron grandes estatuas robóticas que asombraban a los fieles con sus palabras.

Año 50 – MARIONETAS EXTRAORDINARIAS

Un griego llamado Herón de Alejandría escribió un libro con diseños de las primeras versiones de los robots. Entre sus inventos figura una obra de teatro de casi diez minutos con marionetas movidas por cuerdas, poleas y palancas.

Año 1921
SOBRE EL ESCENARIO

El término «robot» viene de la palabra checa *robota*, que significa «trabajos forzados». Se usó por primera vez en la obra de teatro de Karel Čapek titulada *R. U. R.* (las siglas de Robots Universales de Rossum).

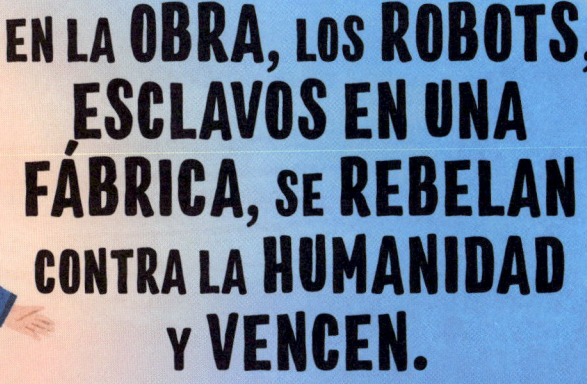

EN LA OBRA, LOS ROBOTS, ESCLAVOS EN UNA FÁBRICA, SE REBELAN CONTRA LA HUMANIDAD Y VENCEN.

Año 1927 – EN EL CINE

Metrópolis es la primera película en la que se llama «robot» a un personaje. La historia se desarrolla en un futuro ficticio en el que muchas personas llevan una vida muy dura. María, un robot con forma de joven, lidera una revuelta obrera.

Décadas de 1950 y 1960
ROBOTS INTELIGENTES

En los años cincuenta se inventó el primer robot industrial: *Unimate*. Aunque sobre todo construía coches, podía hacer muchas otras cosas, ¡como jugar al golf! Más de 10 años después, en 1966, se creó a *Shakey*, el primer robot con inteligencia propia. Para ver llevaba una cámara de televisión, y para saber dónde estaba utilizaba un sónar (navegación por sonido).

Año 1770
¿MAESTRO DEL AJEDREZ?

En Europa se construyó el Turco, un «robot» que jugaba al ajedrez. Parecía que era un gran jugador, y sus propietarios lo llevaron de gira con orgullo. ¡Pero es un truco! En realidad, una persona escondida en el aparato controlaba los movimientos del robot. La IA no ganará al ajedrez a una persona hasta 200 años después.

Año 1997
EN EL ESPACIO

Cuando aterrizó en Marte, *Sojourner* se convirtió en el primer robot en pisar otro planeta. Su misión consistía en hacer mediciones y fotos para enviar a la Tierra. Estaba diseñado para funcionar durante solo una semana, pero al final aguantó 83 días en condiciones muy difíciles.

HARDWARE Y SOFTWARE

Los robots suelen tener un cuerpo físico (el hardware) y un cerebro electrónico (el software). El hardware son las partes del robot que podemos tocar, como las ruedas, las cámaras y las baterías. El software es el código informático que utiliza para razonar y planear sus acciones. Antes de ver cómo funcionan los robots, aprendamos lo fundamental sobre el hardware y el software.

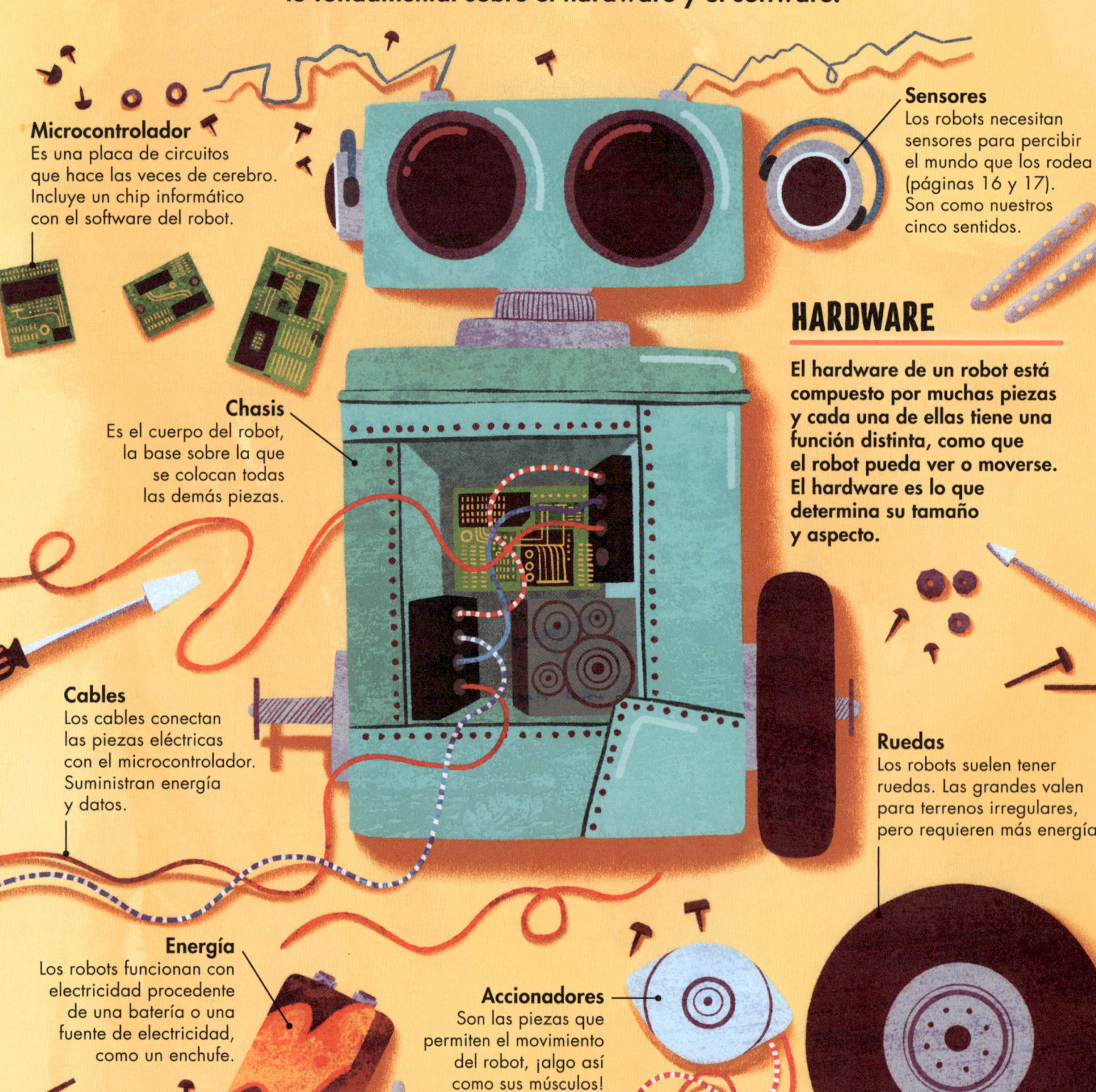

Microcontrolador
Es una placa de circuitos que hace las veces de cerebro. Incluye un chip informático con el software del robot.

Sensores
Los robots necesitan sensores para percibir el mundo que los rodea (páginas 16 y 17). Son como nuestros cinco sentidos.

HARDWARE

El hardware de un robot está compuesto por muchas piezas y cada una de ellas tiene una función distinta, como que el robot pueda ver o moverse. El hardware es lo que determina su tamaño y aspecto.

Chasis
Es el cuerpo del robot, la base sobre la que se colocan todas las demás piezas.

Cables
Los cables conectan las piezas eléctricas con el microcontrolador. Suministran energía y datos.

Ruedas
Los robots suelen tener ruedas. Las grandes valen para terrenos irregulares, pero requieren más energía.

Energía
Los robots funcionan con electricidad procedente de una batería o una fuente de electricidad, como un enchufe.

Accionadores
Son las piezas que permiten el movimiento del robot, ¡algo así como sus músculos! (páginas 24 y 25).

SOFTWARE

El cuerpo del robot ya está listo para la acción, pero no es más que una carcasa vacía. ¡Aún hay que darle vida! Para ello, los especialistas en robótica crean un software: una serie de instrucciones que debe seguir el robot. Es lo que le permite moverse y «pensar». Y así, sin más, ¡tenemos un robot!

¡CONSTRUYENDO UN ROBOT SE APRENDE MUCHO!

Quienes programan robots escriben el software usando lenguajes especiales. En robótica, los más comunes son Python, C++ y Java. Los programas informáticos son como recetas: dicen al robot qué tiene que hacer para obtener un resultado concreto.

El software indica al hardware lo que tiene que hacer. Por ejemplo, la instrucción de software «toma la caja» se traduce en órdenes de hardware como «gira este motor 30 grados» y «cierra la pinza». Y el robot realiza la acción. ¡Así de fácil!

¿QUÉ ES UN ROBOT?

¿Qué diferencia hay entre una máquina y un robot? ¿Es una tostadora un robot? ¿Y un secador de pelo? Un robot es una máquina que percibe su entorno, usa esa información para planificar lo que va a hacer y actúa de acuerdo con ese plan. Se trata del ciclo percibir-planificar-actuar. Después de ejecutar la acción, el robot vuelve al principio del ciclo para detectar qué ha cambiado y repetir la secuencia una y otra vez.

¿Hay alguien ahí?

Paso 1: PERCIBIR

Para detectar qué hay a su alrededor, los robots utilizan sensores (páginas 16 y 17). Pueden ser, por ejemplo, cámaras para ver, micrófonos para oír y sensores de presión para tocar.

Paso 2: PLANIFICAR

Para elaborar un plan, el robot tiene en cuenta lo que ha percibido, el objetivo fijado y los posibles obstáculos. Con eso, puede decidir cómo moverse para alcanzar su objetivo. ¿Debería saltar? ¿Cuánto? ¿En qué dirección?

Paso 3: ACTUAR

Ha llegado el momento de saltar. Cada robot tiene su propia forma de ejecutar una acción. Puede ser saltando de una roca a otra, como nuestro amigo, o con acciones que requieren menos movimiento, como hablar o poner caras graciosas. Realizar una acción cambia el entorno del robot. Por ejemplo, si este salta hacia delante, verá el mundo un poco diferente. Por eso, deberá volver al paso 1 para repetir el ciclo de percibir-planificar-actuar.

EL CUERPO DE LOS ROBOTS

A veces hablamos de «robots» e «inteligencia artificial» (o IA) para referirnos a lo mismo, pero son muy diferentes. Los chatbots de internet y los personajes de videojuegos usan la IA; los robots también. Pero estos últimos, además, pueden correr, saltar y recoger la ropa sucia del suelo. Lo que diferencia los robots de otros dispositivos con IA es que los primeros no existen en un ordenador, sino que tienen un cuerpo físico.

Robots superrealistas
¿Te gustaría tener un robot que se pareciera a ti? Es posible fabricar robots similares a otros seres vivos, como personas o animales. Los que tienen forma humana se llaman humanoides, y los que se parecen muchísimo a nosotros, androides.

DE UN SITIO A OTRO

Al tener cuerpo, los robots pueden cambiar su entorno, por ejemplo, tomando un objeto de un sitio y dejándolo en otro. Además, pueden moverse por sí mismos sin tener que quedarse quietecitos donde los pongamos.

Robots bailongos
Como pueden moverse, ¡los robots también pueden bailar! Pero les cuesta seguir el ritmo, porque no es fácil coordinar los movimientos de distintas partes del cuerpo.

SE TARDÓ UN AÑO Y MEDIO EN ENSEÑAR A UN ROBOT UN BAILE DE TRES MINUTOS.

¿Tú no sabes bailar?
Los asistentes inteligentes pueden hablar y escuchar y tienen forma física, pero no pueden moverse. ¿Crees que los altavoces inteligentes son robots? ¡Vaya duda!

EL POTENCIAL DE LA IA

Muchas tecnologías actuales funcionan con inteligencia artificial. Y, si se la ponemos a un robot, ¡las posibilidades son infinitas! Compara el chatbot de un teléfono con un robot que hable. Con IA, ambos pueden escuchar y hablar, pero es que el robot, además, puede acercarse para oírte mejor y gesticular para que le entiendas bien.

¿PUEDES HABLAR MÁS ALTO?

¿QUÉ ES LA IA?

La inteligencia artificial es la capacidad de las máquinas de pensar por sí mismas. La IA es diferente según lo que necesite hacer la máquina. Por ejemplo, a veces sirve para percibir el mundo que la rodea (páginas 16 y 17) y otras para entender a las personas (páginas 20 y 21). El aprendizaje automático (páginas 18 y 19) es un tipo de IA capaz de aprender.

Por control humano
Si el robot está totalmente teledirigido (o sea, que solo va adonde tú le indicas), no tiene autonomía.

Semiautónomo
Si el robot va adonde tú le indicas, pero puede ver y superar obstáculos sin tu ayuda, tiene cierta autonomía.

¿QUIÉN TIENE EL CONTROL?

Con inteligencia artificial, los robots pueden ser autónomos, esto es, funcionar sin control humano. Su grado de autonomía puede variar, desde ninguna en absoluto hasta total. Para entenderlo mejor, imagínate un robot que pueda moverse solo. Ahora veremos la diferencia según los distintos grados de autonomía.

Totalmente autónomo
Si el robot puede decidir adónde ir y llegar hasta allí completamente solo, es totalmente autónomo.

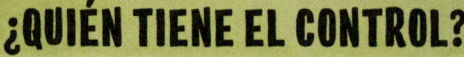

PERO ¿QUÉ HAS HECHO?

Las personas que se dedican a la programación informática (o codificación) son quienes crean la IA. A veces, los programas de IA son tan complicados que es difícil saber exactamente cómo funcionan, ¡incluso para quienes los programaron! Estos programas supercomplejos se llaman cajas negras porque se puede ver la entrada (qué metemos en el programa) y la salida (cuál es el resultado), pero no el interior, es decir, su funcionamiento. Se está intentando crear una IA de caja negra que sepa explicar con detalle cómo ha llegado al resultado.

EL TÉRMINO «INTELIGENCIA ARTIFICIAL» SE INVENTÓ EN 1956.

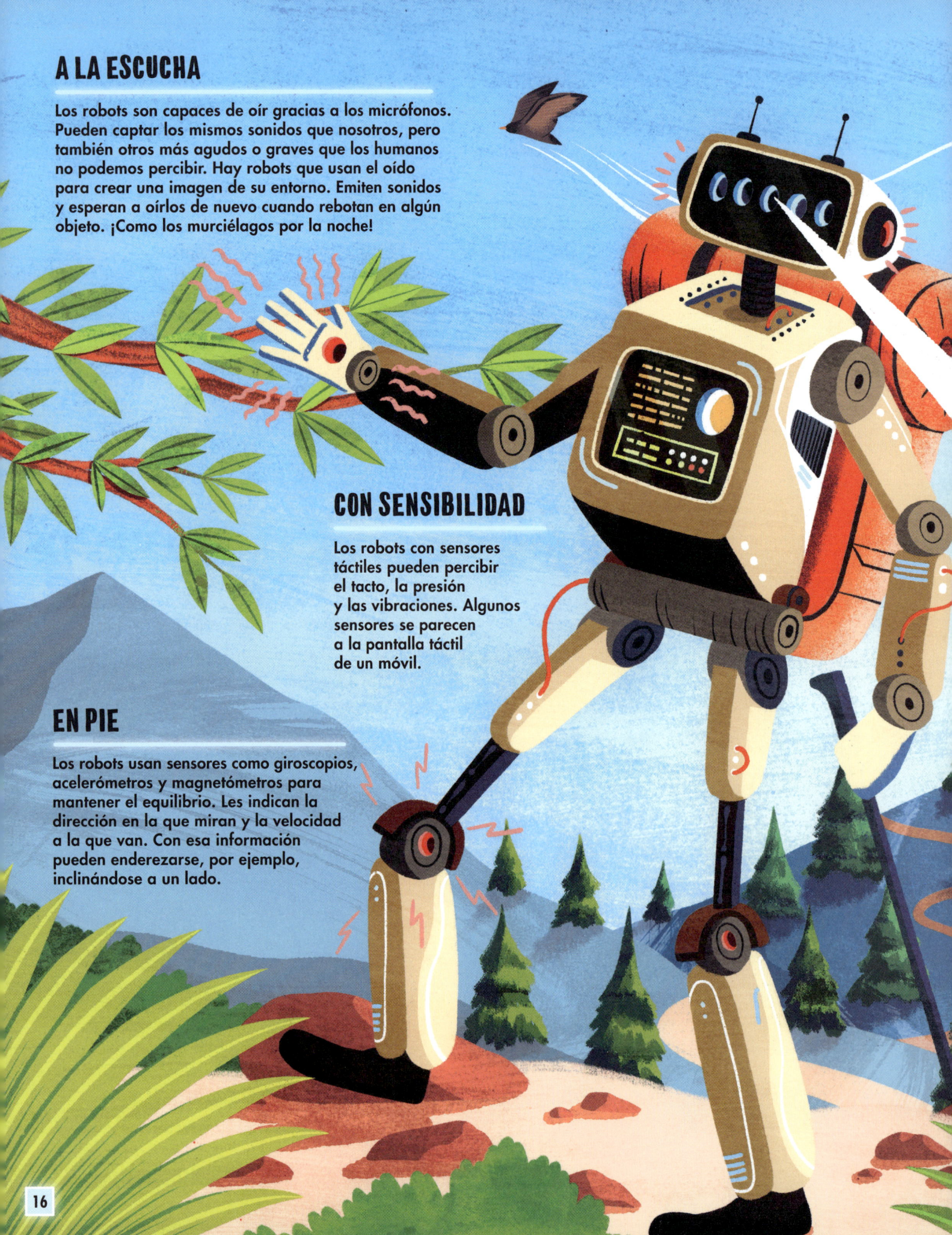

A LA ESCUCHA

Los robots son capaces de oír gracias a los micrófonos. Pueden captar los mismos sonidos que nosotros, pero también otros más agudos o graves que los humanos no podemos percibir. Hay robots que usan el oído para crear una imagen de su entorno. Emiten sonidos y esperan a oírlos de nuevo cuando rebotan en algún objeto. ¡Como los murciélagos por la noche!

CON SENSIBILIDAD

Los robots con sensores táctiles pueden percibir el tacto, la presión y las vibraciones. Algunos sensores se parecen a la pantalla táctil de un móvil.

EN PIE

Los robots usan sensores como giroscopios, acelerómetros y magnetómetros para mantener el equilibrio. Les indican la dirección en la que miran y la velocidad a la que van. Con esa información pueden enderezarse, por ejemplo, inclinándose a un lado.

¡ATENCIÓN!

Fíjate en lo que te rodea: ¿qué ves, oyes, hueles y tocas? Para saberlo utilizas órganos sensoriales, como los ojos y los oídos. Los robots hacen lo mismo… más o menos. Usan sensores para percibir su entorno. Algunas de sus percepciones son similares a las que obtenemos con nuestros sentidos, como la visión y el sonido. Pero hay robots que pueden detectar cosas que nosotros no, como los campos magnéticos. Los sensores captan datos que el robot debe interpretar para entender el mundo que lo rodea.

VEOVEO… CON MI CÁMARA

Los robots utilizan cámaras para ver. Ven los colores normales y otros que nosotros no distinguimos, como los infrarrojos. Algunos incluso usan láseres para calcular la distancia hasta un objeto. Con todos esos datos, pueden detectar qué hay en su entorno.

Telémetro láser

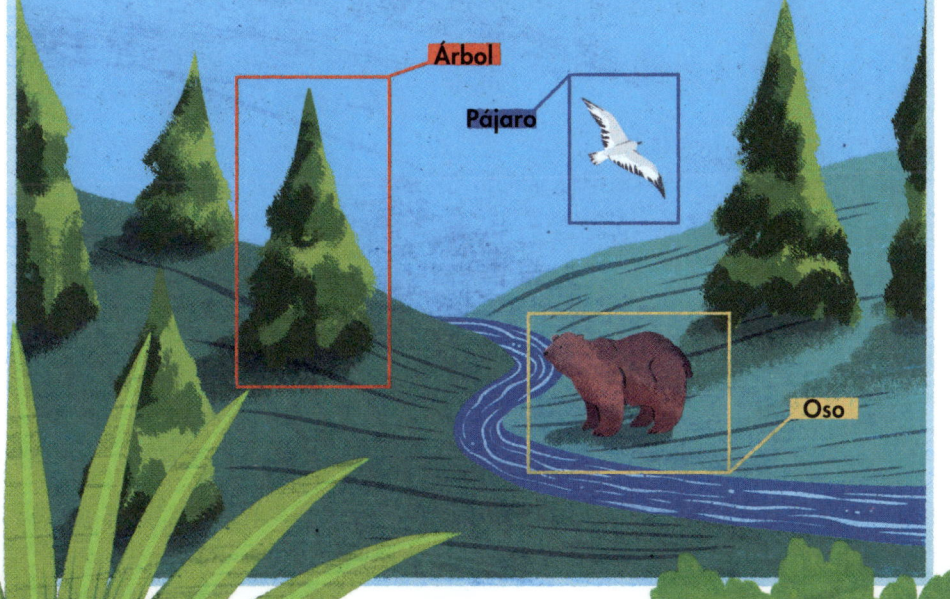

Árbol

Pájaro

Oso

Objetos identificados

MÁQUINAS INTELIGENTES

A medida que crecemos, no paramos de recopilar información y aprender habilidades nuevas. ¡Y los robots también! De hecho, en lugar de intentar programar todo lo que debe saber un robot, suele ser más fácil construir uno que aprenda de sus experiencias, lo que se denomina «aprendizaje automático». Aquí tienes algunas formas en que los robots pueden educarse a sí mismos.

APRENDIZAJE SUPERVISADO

Con este método, el robot recibe ejemplos de qué debe aprender. Por ejemplo, se le puede enseñar a distinguir tartas mostrándole muchas fotos de tartas.

APRENDIZAJE SIN SUPERVISIÓN

En el aprendizaje sin supervisión, no se le dice al robot lo que debe aprender, sino que reconoce patrones a partir de lo que ve. Por ejemplo, si ve muchas frutas diferentes, puede empezar a distinguir entre las frescas y las podridas. Eso sí, ¡no sabrá cuál es mejor comer!

APRENDIZAJE POR REFUERZO

Los robots pueden aprender mediante comentarios positivos y negativos. Este método suele utilizarse para enseñarles destrezas físicas. Por ejemplo, puede aprender a hacer un lazo probando métodos diferentes y recibiendo comentarios sobre si el resultado es bueno o malo. Al final, aprenderá cuál es la mejor manera de hacerlo.

GENIOS ROBÓTICOS

Un tipo de aprendizaje automático cada vez más popular es el llamado aprendizaje profundo. Es un método inspirado en los mejores estudiantes del mundo: ¡las personas! Trata de imitar la forma en que nuestro cerebro capta información nueva mediante la combinación de muchos datos en una red neuronal. Es muy útil para aprender conceptos complejos, como los idiomas.

¡Buen swing!

APRENDIZAJE POR IMITACIÓN

Un robot también puede aprender observándonos a nosotros. Por ejemplo, podemos enseñarle a jugar al golf copiando lo que hace un golfista.

¿CHARLAMOS?

Para los robots, la comunicación es tan importante como para el ser humano. Necesitan esa habilidad para trabajar con nosotros y para expresar pensamientos y emociones. La comunicación puede ser verbal (mediante palabras) o no verbal (con gestos). Además, los robots usan medios de comunicación que nosotros no tenemos. ¿Quieres conocerlos?

¿Quieres ir al tiovivo?

Prefiero las casetas. ¡A ver si gano un premio!

¡Venga! Igual te puedo echar una manita...

¡No, no! ¡Quiero ganar sin trampas! Pero me puedes llevar a casa el peluche gigante.

COMUNICACIÓN VERBAL

Para comunicarse, los robots usan una habilidad llamada procesamiento del lenguaje natural, que, a su vez, se divide en dos: escuchar y hablar. Para escuchar, el robot debe convertir los sonidos que oye en palabras con significado. Para hablar, tiene que transformar sus ideas en palabras y pronunciarlas.

COMUNICACIÓN NO VERBAL

Los robots pueden comunicarse con acciones no verbales, como mirar, saludar y poner caras, ¡como nosotros! Cuando alguien se inclina hacia ti y te mira a los ojos, te indica que te está prestando atención. Los robots también pueden hacerlo. Si te fijas en la expresión facial y el lenguaje corporal de este robot, ¿dirías que le gustan los coches de choque?

Algunos robots pueden mostrar una gran variedad de expresiones faciales.

HABILIDADES ESPECIALES

Los robots no se comunican solo como las personas. Para expresar sus distintas emociones cuentan con más herramientas, como pantallas, luces de colores y otras piezas que nosotros no tenemos. ¿Qué color de luz crees que usaría un robot enfadado? ¿Y uno feliz?

ROBOTS SOCIALES

Muchos robots se diseñan para que trabajen solos, pero otros son profesores o entrenadores y tienen que interactuar con personas. Se llaman robots sociales y necesitan destrezas de comunicación verbal y no verbal para mantener conversaciones, para mostrar su personalidad... ¡y hasta para ser graciosos! Si quieren hacerse amigos nuestros, los robots deben ser capaces de reconocer nuestros pensamientos, ideas y sentimientos.

Los robots como yo somos buenos entrenadores: nunca juzgamos a la gente y somos muy pacientes.

¡TODOS A UNA!

A muchos nos vendría bien un poco de ayuda con el ejercicio. Igual que un entrenador personal, los robots sociales pueden animar a la gente y enseñarles los movimientos que deben hacer. Son perfectos para personas mayores y pacientes que se están recuperando de una lesión.

INSEPARABLES

¿Llegarán los robots a ser nuestros amigos? Ya pueden hacer algunas de las cosas que haríamos con nuestras amistades, como charlar, ver una peli o dar un paseo. Pero quizá nunca lleguemos a desarrollar una IA con la que tener una relación de amistad verdadera.

APRENDER Y JUGAR

A los robots sociales también se les dan bien los niños. Pueden ayudarlos a aprender matemáticas o un idioma nuevo, o incluso ser sus colegas y entretenerlos con cuentos o vídeos divertidos.

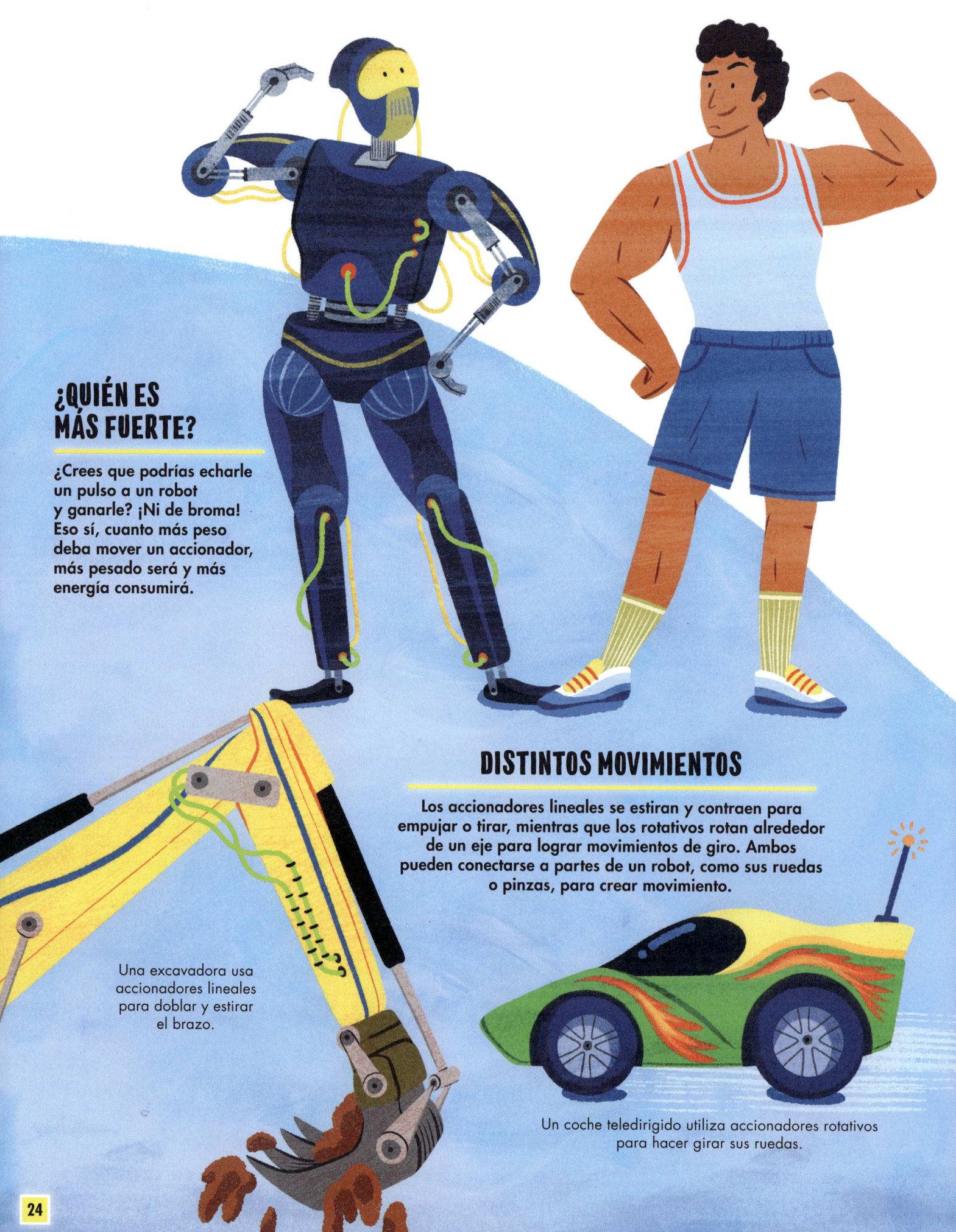

¿QUIÉN ES MÁS FUERTE?

¿Crees que podrías echarle un pulso a un robot y ganarle? ¡Ni de broma! Eso sí, cuanto más peso deba mover un accionador, más pesado será y más energía consumirá.

DISTINTOS MOVIMIENTOS

Los accionadores lineales se estiran y contraen para empujar o tirar, mientras que los rotativos rotan alrededor de un eje para lograr movimientos de giro. Ambos pueden conectarse a partes de un robot, como sus ruedas o pinzas, para crear movimiento.

Una excavadora usa accionadores lineales para doblar y estirar el brazo.

Un coche teledirigido utiliza accionadores rotativos para hacer girar sus ruedas.

MÚSCULOS DE ACERO

¿Sabes que te pareces más a un robot de lo que crees? Los seres humanos tenemos músculos para correr, saltar y estirarnos. Se tensan o se relajan para mover nuestro cuerpo. Los robots usan un sistema similar, pero, en lugar de músculos, tienen accionadores, unos dispositivos que transforman la energía en movimiento. Flexiona el codo y estíralo. Para hacer ese movimiento, has usado los músculos del brazo. Un accionador que une dos partes de un brazo robótico puede hacer un movimiento similar.

¡A TOPE!

Al igual que tus músculos necesitan alimento, los accionadores de los robots necesitan energía de alguna fuente. Para muchos accionadores pequeños se usa electricidad; para otros se emplea agua o aire a presión.

Hay robots que cargan su batería usando un enchufe. Otros necesitan tanta energía que tienen que estar siempre enchufados.

ALGÚN DÍA, LOS ROBOTS UTILIZARÁN LA ENERGÍA SOLAR PARA CARGARSE.

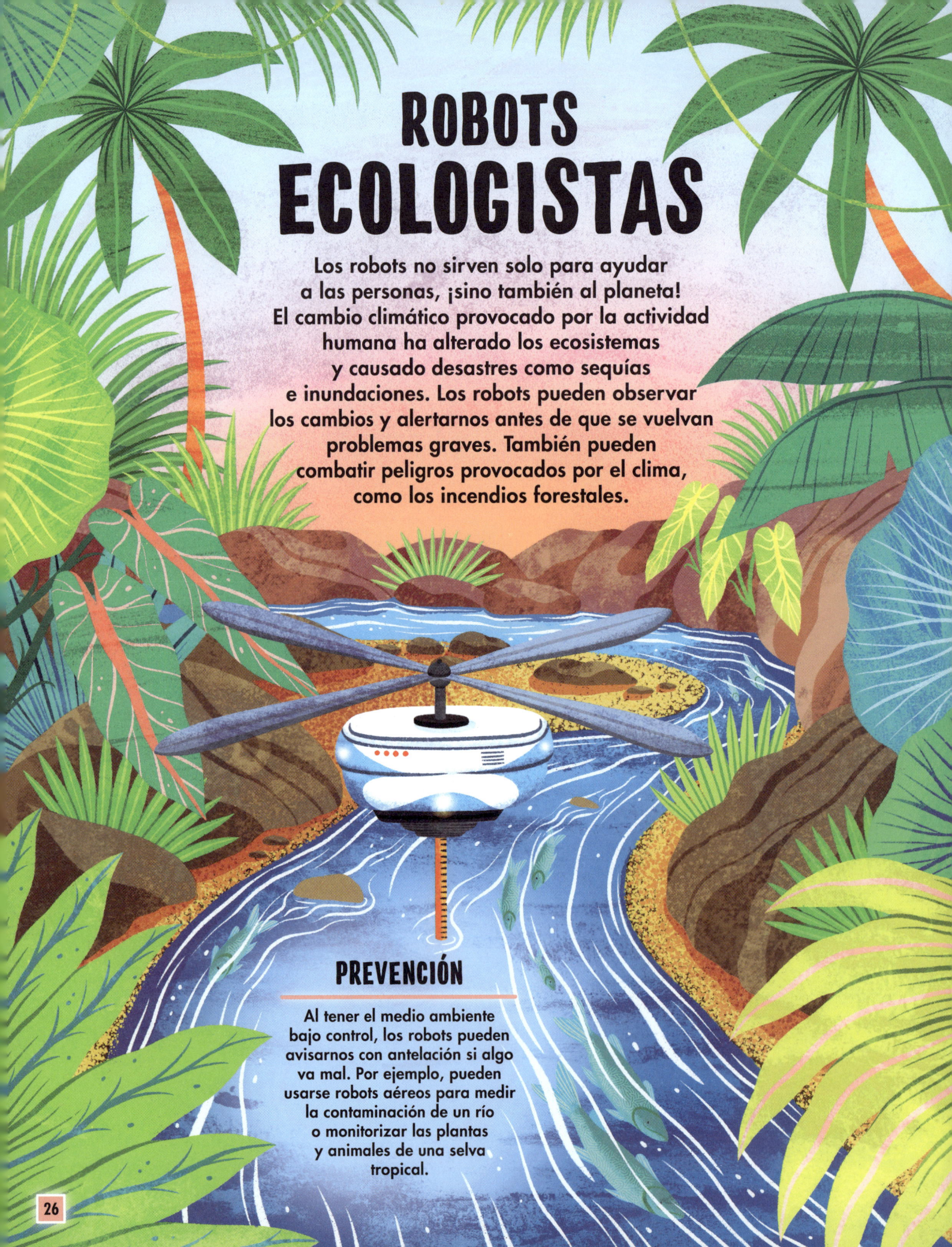

ROBOTS ECOLOGISTAS

Los robots no sirven solo para ayudar a las personas, ¡sino también al planeta! El cambio climático provocado por la actividad humana ha alterado los ecosistemas y causado desastres como sequías e inundaciones. Los robots pueden observar los cambios y alertarnos antes de que se vuelvan problemas graves. También pueden combatir peligros provocados por el clima, como los incendios forestales.

PREVENCIÓN

Al tener el medio ambiente bajo control, los robots pueden avisarnos con antelación si algo va mal. Por ejemplo, pueden usarse robots aéreos para medir la contaminación de un río o monitorizar las plantas y animales de una selva tropical.

PROTECCIÓN

Los incendios forestales son enormes y pueden propagarse rápido, así que son difíciles de apagar. Los robots de extinción de incendios pueden ayudar echando al fuego agua o espuma, abriendo caminos por el bosque o transportando pesados equipos de extinción.

A LOS **ROBOTS ECOLOGISTAS** TAMBIÉN SE LOS LLAMA **«ROBOTS VERDES».**

RECICLAJE

En las plantas de reciclaje, la separación del papel, el plástico, el metal y el vidrio suele hacerse a mano. Pero los robots de reciclaje son más rápidos que nosotros ¡y aguantan el mal olor!

Para agarrar objetos, siempre es mejor tener tres dedos que dos.

¡ATRÁPALA!

Las pinzas son las partes de un robot que sirven para agarrar o sujetar objetos. Tienen distintas formas y tamaños y cada una cumple una función distinta. Algunas pinzas tienen partes parecidas a nuestros dedos, pero rara vez son igual de flexibles.

DESTREZAS MANUALES

Si los robots fueran al cole, lo primero que aprenderían sería cómo manejar objetos. Los robots suelen manipular las cosas con pinzas, que son partes de su cuerpo parecidas a nuestras manos. Cuando dominan esta destreza tan importante, pueden hacer muchas tareas, como limpiar lo que ensucias o traerte lo que les pidas.

Las pinzas paralelas hacen las veces de dedos que se mueven para atrapar un objeto.

Hay pinzas blandas, hechas de material elástico y rellenas de una sustancia que puede cambiar de forma, como aire, arena o un líquido.

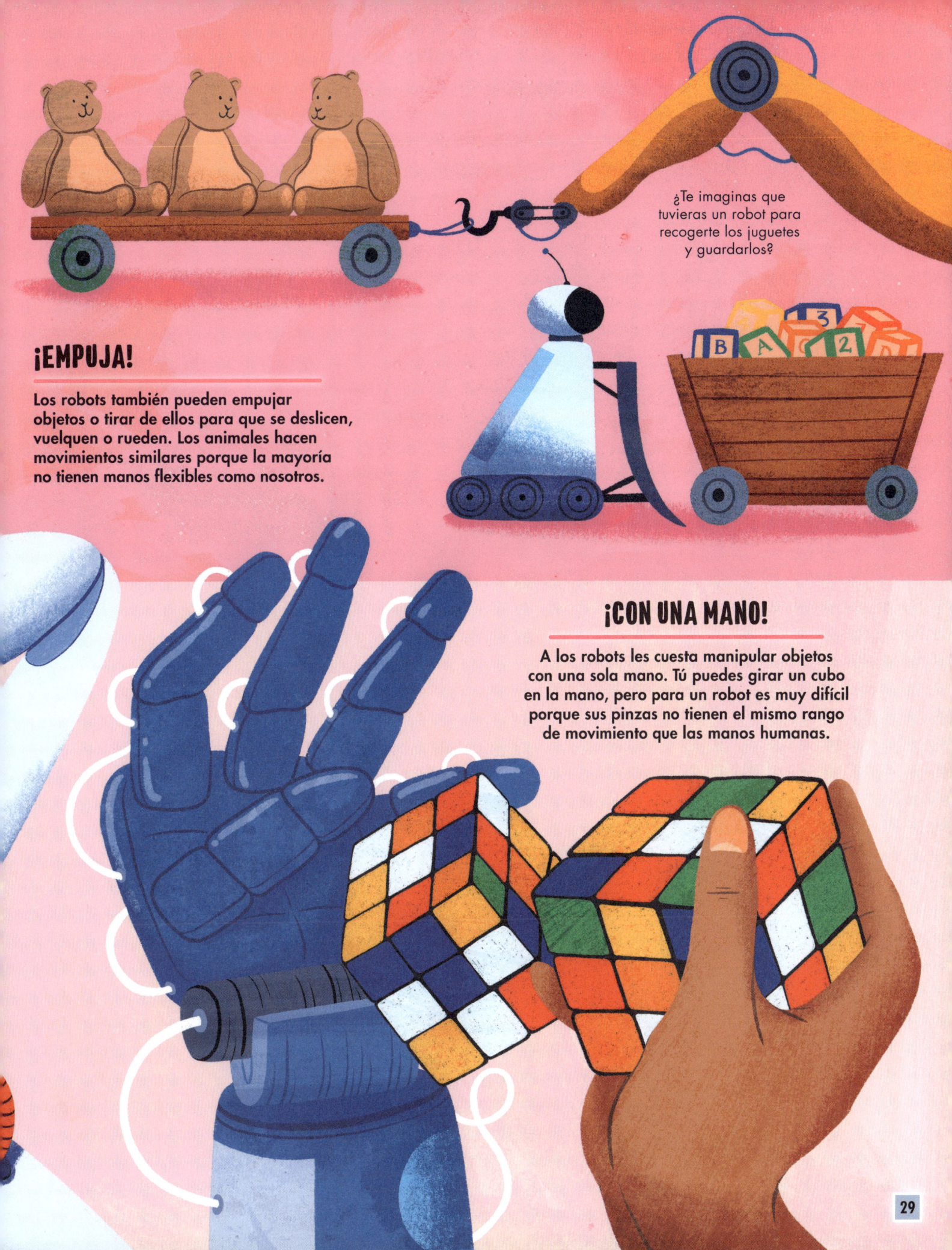

¿Te imaginas que tuvieras un robot para recogerte los juguetes y guardarlos?

¡EMPUJA!

Los robots también pueden empujar objetos o tirar de ellos para que se deslicen, vuelquen o rueden. Los animales hacen movimientos similares porque la mayoría no tienen manos flexibles como nosotros.

¡CON UNA MANO!

A los robots les cuesta manipular objetos con una sola mano. Tú puedes girar un cubo en la mano, pero para un robot es muy difícil porque sus pinzas no tienen el mismo rango de movimiento que las manos humanas.

¡EN MARCHA!

Se llama locomoción al desplazamiento de un lugar a otro. Los robots pueden hacerlo de muchas maneras. Algunos tienen ruedas para moverse como un coche; otros, patas para correr como un guepardo. Pueden volar, reptar... ¡Hasta nadar! Lo difícil es adaptarse a distintas superficies: ¡andar sobre el hielo no tiene nada que ver con hacerlo sobre la arena!

SOBRE RUEDAS

Los robots con ruedas tienen menos probabilidades de caerse que los que tienen patas. Pueden tener una rueda, dos, cuatro o más. También pueden rodar sobre muchas superficies: zonas verdes, calles concurridas, el suelo de Marte... ¡De todo!

A TODO CORRER

Algunos robots tienen patas para desplazarse. Muchos robots tienen dos, se llaman bípedos. Si tienen cuatro o más patas y pueden mantener mejor el equilibrio. ¡El robot cuadrúpedo (de cuatro patas) más rápido puede correr más que la persona más veloz del mundo!

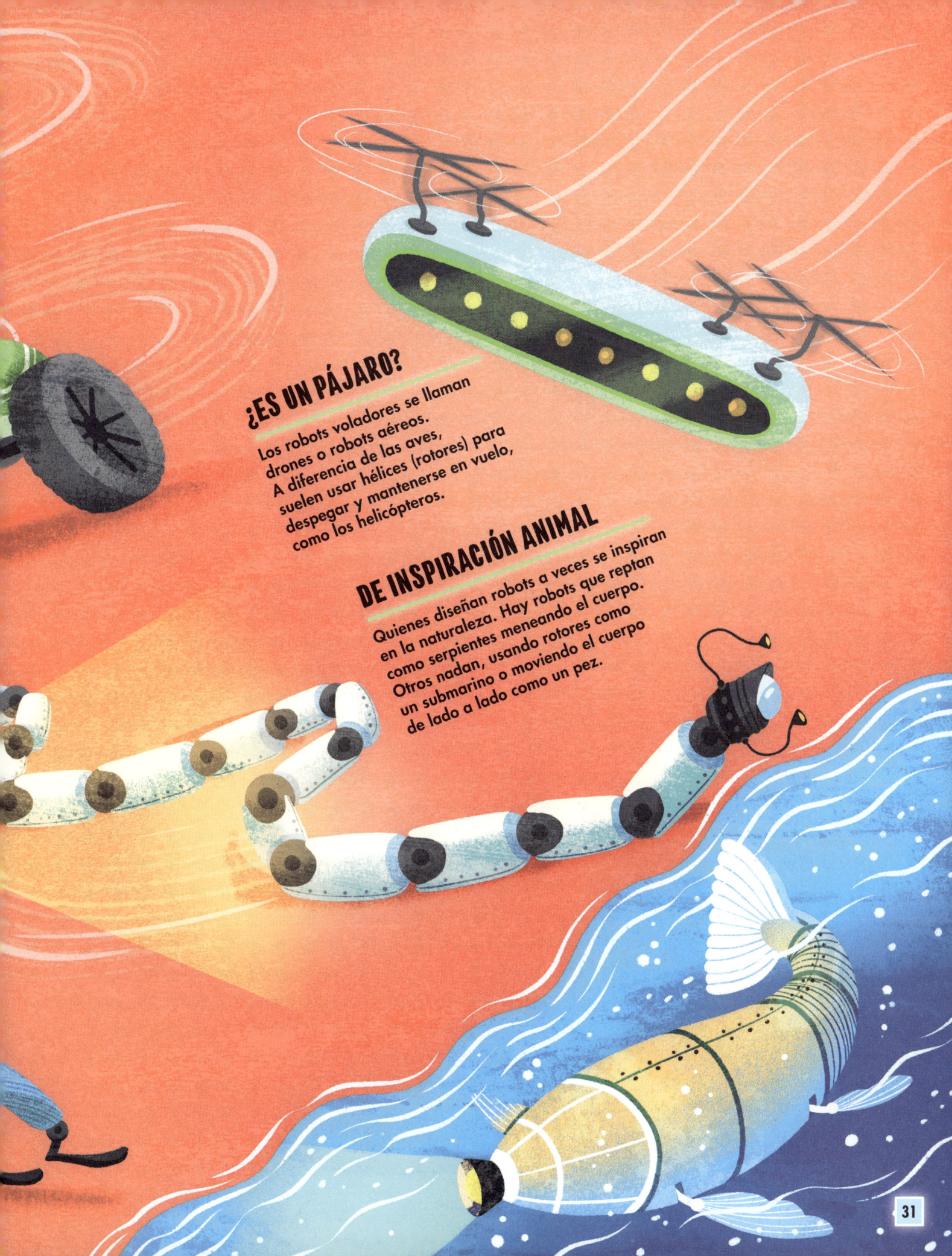

¿ES UN PÁJARO?

Los robots voladores se llaman drones o robots aéreos. A diferencia de las aves, suelen usar hélices (rotores) para despegar y mantenerse en vuelo, como los helicópteros.

DE INSPIRACIÓN ANIMAL

Quienes diseñan robots a veces se inspiran en la naturaleza. Hay robots que reptan como serpientes meneando el cuerpo. Otros nadan, usando rotores como un submarino o moviendo el cuerpo de lado a lado como un pez.

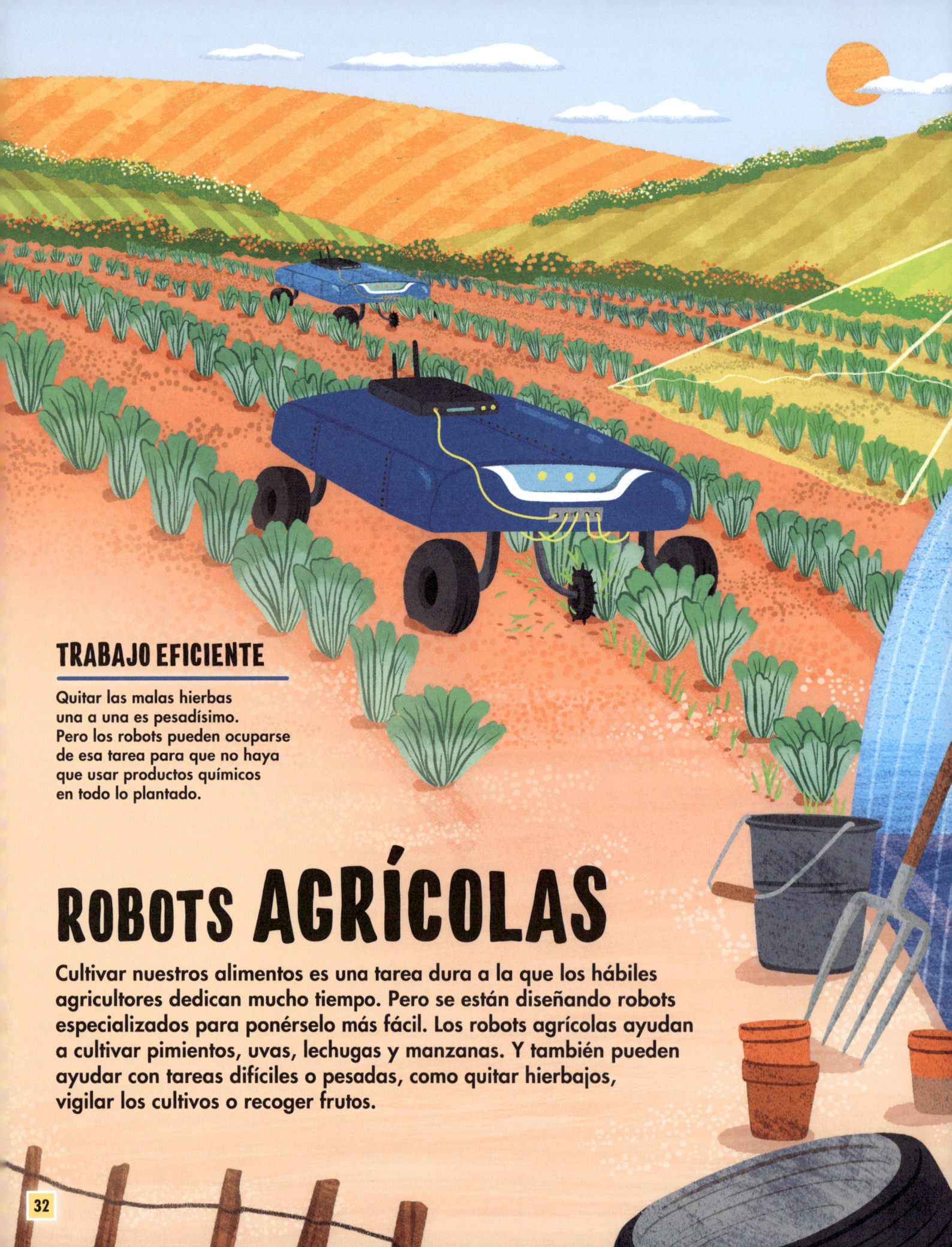

TRABAJO EFICIENTE

Quitar las malas hierbas una a una es pesadísimo. Pero los robots pueden ocuparse de esa tarea para que no haya que usar productos químicos en todo lo plantado.

ROBOTS AGRÍCOLAS

Cultivar nuestros alimentos es una tarea dura a la que los hábiles agricultores dedican mucho tiempo. Pero se están diseñando robots especializados para ponérselo más fácil. Los robots agrícolas ayudan a cultivar pimientos, uvas, lechugas y manzanas. Y también pueden ayudar con tareas difíciles o pesadas, como quitar hierbajos, vigilar los cultivos o recoger frutos.

CONTROL DE CALIDAD

En el campo, tener un par de ojos (o cámaras) más es muy útil para detectar problemas como plagas y enfermedades y evitar que se estropeen los cultivos. Los robots aéreos pueden controlar grandes superficies con rapidez, mientras que los terrestres pueden observar de cerca las plantas.

DIRECTO A LA MESA

La recolección es un trabajo duro y puede llevar mucho tiempo. Se está investigando si unos robots cosechadores podrían ayudar. Quizá podrían distinguir si una fruta u hortaliza está madura y recolectarla con cuidado. Según los cálculos de este robot, los tomates de la derecha aún no están listos.

TRABAJO EN EQUIPO

Los robots pueden trabajar juntos para hacer tareas que no podrían hacer solos. Estos sistemas multirrobot son ideales para misiones de exploración y de rescate, ya que, al colaborar, pueden cubrir más terreno. ¿Y qué si se pierde alguno por el camino? ¡Los demás pueden seguir como si nada!

TODOS A UNA

Cuando los robots de un sistema multirrobot están controlados por una única fuente, se trata de un sistema centralizado. Estos sistemas pueden coordinar los movimientos de cada robot para crear formaciones complejas o evitar choques. ¿Has visto alguna vez un espectáculo de luces con drones? ¡Pues era un sistema multirrobot centralizado!

Este dron forma parte de un espectáculo de luces.

ENJAMBRES DE ROBOTS

No todos los sistemas multirrobot reciben órdenes de una sola fuente. En un sistema descentralizado, llamado enjambre, cada robot se comunica solo con los más cercanos. Estos enjambres se comportan como una bandada de pájaros o un banco de peces.

Aunque cada robot solo está atento a parte del enjambre, debido al efecto combinado del movimiento de todos, parece que un solo cerebro controla el sistema entero.

BLANDO...

SEGURIDAD ANTE TODO

Un robot blando es más seguro que uno tradicional porque no tiene piezas duras que puedan herir a la gente o dañar el medio ambiente. Puede manipular objetos delicados y no es peligroso para las mascotas.

EN MOVIMIENTO

Los robots blandos no tienen motores, así que ¿cómo se mueven? Algunos tienen partes llenas de aire como un globo. Mira la pinza de la derecha: cuando se infla, los dedos pueden agarrar suavemente un objeto.

o **DURO**

Si te imaginas un robot, es probable que pienses en una máquina rígida, pero no todos los robots son de metal, plástico u otros materiales duros. Algunos están fabricados con sustancias flexibles y elásticas que les permiten cambiar de forma. ¿Has observado, cuando inflas un globo, que este te empuja la mano a medida que entra el aire? Pues los robots blandos se mueven de forma similar, expandiendo o contrayendo partes de su cuerpo para desplazarse y agarrar objetos.

LOS **ROBOTS DUROS** NO SON TAN **CUIDADOSOS** COMO LOS **BLANDOS**, PERO SUELEN SER **MÁS FUERTES.**

INSPIRACIÓN ANIMAL

Cuando se buscan ideas para hacer nuevos robots, la inspiración a menudo llega de la naturaleza. Se estudia cómo los animales utilizan su cuerpo para correr, volar, reptar o saltar, y se piensa cómo podrían hacer lo mismo los robots. El resultado no son copias perfectas de esos animales, pero la naturaleza ha sido un buen punto de partida.

SALTO DE ALTURA

Los saltamontes, las pulgas y los grillos pueden saltar altísimo. En robótica se intenta copiarlos creando robots diminutos y ligeros capaces de mover las piernas a gran velocidad.

DE FLOR EN FLOR

Las abejas robóticas son pequeñas y ligeras. Los accionadores de sus alas son superrápidos, imitando a las abejas reales, que baten las suyas 100 veces por segundo. ¡Ojalá algún día las abejas robóticas puedan ayudar con la polinización!

COLAS ROBÓTICAS

Las colas de monos, gatos y ardillas los ayudan a moverse y mantener el equilibrio cuando corren y saltan. En robótica se investiga si los robots podrían usar una cola con el mismo fin, pero es difícil construirla de forma que sea flexible y que genere la fuerza adecuada en el momento exacto.

LOS ROBOTS INSPIRADOS EN ANIMALES TAMBIÉN NOS AYUDAN A CONOCER MEJOR A LOS ANIMALES REALES.

¡A SUS PUESTOS!

El guepardo es el animal terrestre más rápido del mundo. Especialistas en robótica han diseñado robots inspirados en él y en su forma de usar las patas para impulsarse. De los robots con piernas, estos cuadrúpedos son de los más rápidos que existen.

TRABAJOS MONÓTONOS Y PELIGROSOS

Cuando la gente piensa en qué trabajos deberían hacer los robots, suelen pensar en los aburridos, pesados y arriesgados. Creen que, si los robots pueden asumir las tareas más monótonas, desagradables e inseguras, nosotros podremos dedicarnos a otras más interesantes y menos peligrosas. ¿Qué tareas de ese tipo haces tú que te gustaría que hiciera un robot en tu lugar?

ASISTENTES FANTÁSTICOS

En un hospital, un robot puede transportar sábanas sucias y material médico. Mientras, el personal puede dedicar más tiempo a atender a cada paciente.

¡MENUDA PESTE!

Los robots son ideales para explorar lugares repugnantes. Por ejemplo, pueden meter cámaras en alcantarillas apestosas para comprobar si hay daños. ¡Y nosotros podemos supervisar la inspección sin tener que mancharnos de caca!

¡CUIDADO!

Ponerte en peligro nunca es buena idea. ¡Llama a un robot! En las fábricas de coches, los robots sueldan piezas para que las personas no se expongan al peligro del calor y las sustancias químicas del proceso.

CENTRO DE CONTROL

Los robots submarinos suelen estar controlados por personas en la superficie. Se llaman vehículos teledirigidos y están sujetos a un barco por un cable para poder transmitir vídeo y otros datos en tiempo real al centro de control. Su tamaño puede variar entre el de un portátil grande y el de un camión pequeño.

SUBMARINISTAS

Los robots submarinos nos permiten llegar a lugares de difícil acceso. Se usan para recoger muestras de plantas y animales, hacer mapas del fondo marino, examinar barcos y puentes y buscar objetos enterrados, ¡como un tesoro! Estos robots tienen que aguantar fuertes corrientes, altas presiones y temperaturas bajísimas.

COMO PEZ EN EL AGUA

Hay robots submarinos que pueden ser totalmente autónomos, lo que les permite alejarse de su ubicación original y explorar lugares inaccesibles para los robots sujetos a un barco. Estos vehículos submarinos autónomos suelen ser pequeños y aerodinámicos para aprovechar bien la duración de las baterías que requieren.

VIAJES AL ESPACIO

Los astronautas no son los únicos que pueden descubrir las maravillas del sistema solar: ¡también hay robots que exploran el espacio! Llevarlos allí es más barato y menos peligroso que llevar a personas. Además, resisten en entornos más duros, no necesitan comer ni dormir y su seguridad no supone un gran problema.

TODO BAJO CONTROL

Existen manipuladores robóticos gigantes que pueden trasladar carga, hacer reparaciones, recibir y acoplar naves entrantes e incluso montar estructuras enteras como la Estación Espacial Internacional. Pueden ser autónomos o estar guiados por astronautas.

EXPLORACIÓN DEL SISTEMA SOLAR

Como vuelan cerca de planetas, lunas y asteroides e incluso aterrizan en ellos, los robots nos permiten observarlos más de cerca. Envían imágenes y datos atmosféricos a la Tierra para su análisis. Estos mensajes pueden tardar más de un día en atravesar las enormes distancias del espacio.

Voyager 2

La Voyager 2, que se lanzó en 1977, ha sobrevolado todos los planetas de nuestro sistema solar. Ahora está en el espacio interestelar, explorando entre las estrellas.

PAPEL ESTELAR

Los robots son muy útiles en las naves espaciales. *Astrobee* es un cubo robótico que vuela en la microgravedad de una estación espacial para ayudar en tareas como grabar experimentos o hacer inventarios.

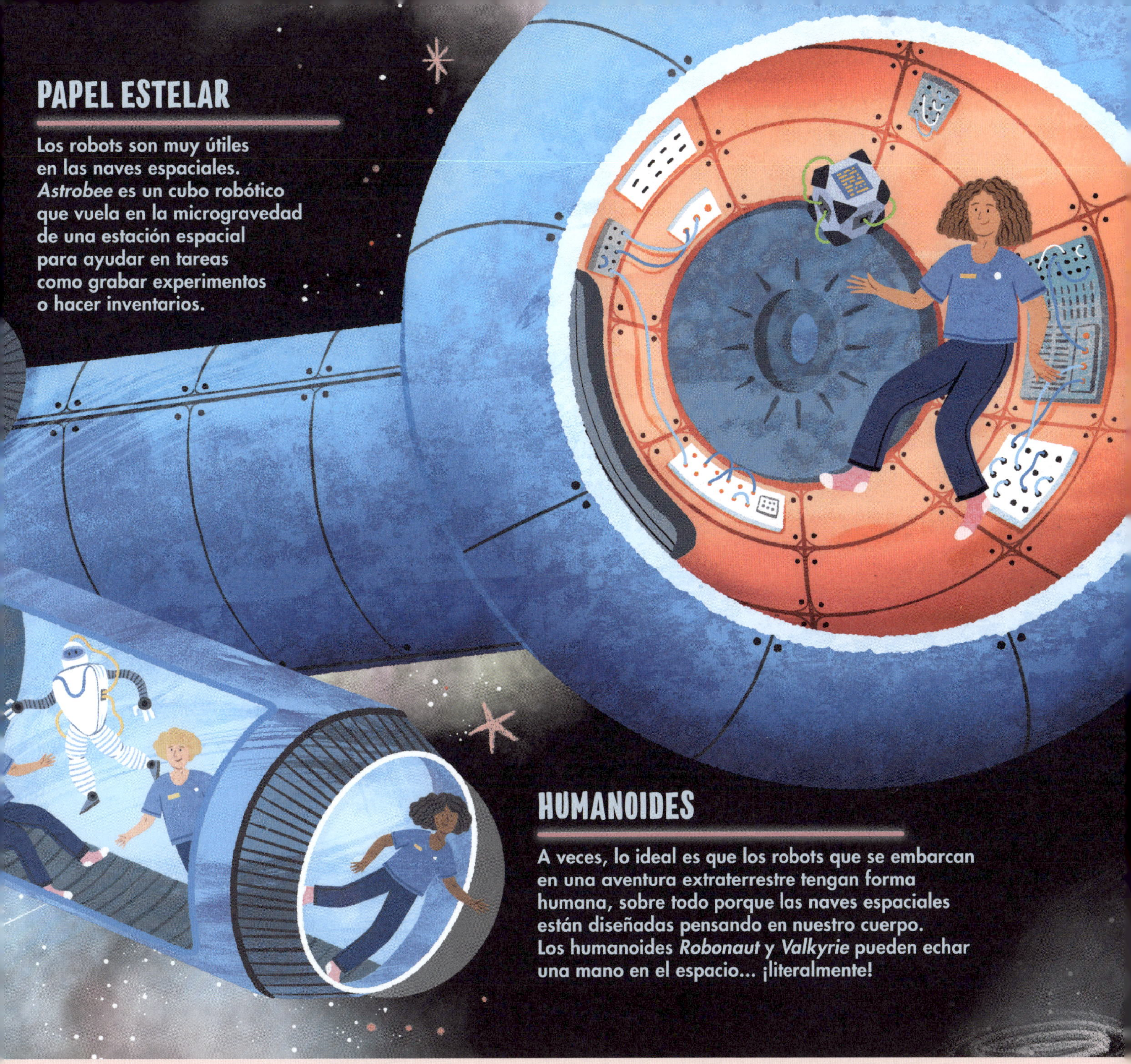

HUMANOIDES

A veces, lo ideal es que los robots que se embarcan en una aventura extraterrestre tengan forma humana, sobre todo porque las naves espaciales están diseñadas pensando en nuestro cuerpo. Los humanoides *Robonaut* y *Valkyrie* pueden echar una mano en el espacio... ¡literalmente!

LOS ROBOTS HAN LLEGADO A LA LUNA, VENUS, MARTE, JÚPITER Y SATURNO, ADEMÁS DE A VARIAS LUNAS Y ASTEROIDES.

Primeros habitantes

Para explorar la superficie de otros planetas se usan astromóviles. Recogen muestras de aire y tierra para saber si podríamos sobrevivir allí.

RESPUESTA ANTE CATÁSTROFES

Como pueden operar en lugares peligrosos, los robots son útiles en caso de catástrofes como derrumbamientos, incendios, inundaciones o accidentes industriales. Ayudan a los equipos de rescate en la valoración de la situación y, a veces, accediendo a lugares a los que no podría llegar una persona. Y pueden localizar las zonas peligrosas, mover escombros y llevar provisiones a supervivientes atrapados.

¡A SUS ÓRDENES!

Los robots pueden ser imprescindibles en una catástrofe, pero el conocimiento y la toma de decisiones del ser humano son esenciales. Por eso, los robots de rescate deben recibir continuamente instrucciones de profesionales.

POR EL AIRE

Los robots aéreos pueden explorar la zona para buscar supervivientes o medir la calidad del aire. Los más grandes también pueden llevar suministros médicos.

SE HAN USADO ROBOTS EN CATÁSTROFES NUCLEARES, TERREMOTOS E INCENDIOS FORESTALES.

¡EN MARCHA!

Los robots terrestres para catástrofes suelen tener ruedas resistentes y de buen agarre para moverse por terrenos irregulares e inestables. A veces, también tienen sensores especiales para ver a través del humo y los escombros.

EN BUENAS MANOS

Actualmente se están diseñando robots que puedan ayudar en evacuaciones. Tienen que ser fuertes para transportar a una persona, pero cuidadosos para no causarle más lesiones.

ARMAS DE GUERRA

La tecnología se usa mucho en la guerra, para bien y para mal. Y los robots no son una excepción. Hay quien justifica su uso en el campo de batalla para no arriesgar la vida de militares. Algunos dicen que los robots autónomos podrían ser más fiables que las personas porque no sienten emociones ni se cansan. Otros creen, por el contrario, que los robots no deberían sustituir al ser humano en la toma de decisiones a vida o muerte. ¿Y tú qué opinas?

DRONES

Los drones son robots aéreos sin gente a bordo. Están pilotados desde tierra por personas que suelen estar lejos, ¡a veces en otro país! En la guerra, los drones se pueden usar para saber dónde están las tropas enemigas sin que una persona tenga que acercarse a territorio enemigo. Otros drones son un arma de guerra muy controvertida.

COMO MULAS

El ejército tiene que transportar muchos equipos pesados a grandes distancias. Por eso se experimenta con robots que puedan encargarse de esa tarea. Suelen ser máquinas de cuatro patas parecidas a caballos sin cabeza. Deben tener una batería de larga duración y ser capaces de caminar por terrenos difíciles, además de ser silenciosos para no delatar su posición.

MUCHOS PAÍSES TIENEN LEYES SOBRE CUÁNDO SE PUEDEN USAR ROBOTS PARA LA GUERRA.

NEUTRALIZACIÓN DE BOMBAS

Desactivar explosivos es una tarea realmente peligrosa, pero, con un robot antiexplosivos, la persona especialista que lo dirige puede quedarse a una distancia segura. Los robots también sirven para buscar minas ocultas.

¡TODOS FUERA!

Los robots industriales suelen trabajar en zonas aisladas, lejos de las personas, porque son muy fuertes y rápidos y sus movimientos pueden lesionar a cualquiera que se acerque demasiado.

REPETIR, REPETIR Y REPETIR

Los robots, como estos pizzeros, son geniales para cadenas de montaje porque pueden hacer el mismo trabajo una y otra vez exactamente igual y sin cansarse. Eso sí, solo repiten la acción para la que han sido programados y, ante algo inesperado, generalmente no saben qué hacer. ¡Nosotros sí!

EL TRABAJO PESADO

Los robots también son fundamentales para transportar objetos. Pueden levantar y mover palés pesados, protegiendo así a la gente de posibles lesiones. También pueden hacer entregas de artículos. Actualmente, redes de robots inteligentes ayudan a distribuir productos en muchos almacenes.

EN FÁBRICAS

El uso de los robots está muy extendido en fábricas y almacenes, donde aumentan la velocidad y la productividad. Allí hacen movimientos rápidos y repetitivos, así que los materiales llegan en el tiempo establecido y de manera constante. ¡Justo lo que les gusta a los robots!

EMBALAJE

Los robots clasifican y embalan productos muy bien. Por ejemplo, pueden llenar cajas de tarros o paquetes de salchichas con el número exacto en cada uno. Suelen tener unas pinzas muy prácticas para agarrar muchos objetos a la vez.

TAREAS CONCRETAS

Los robots dominan la fabricación a pequeña escala, en la que la precisión es importante, como la de los productos electrónicos. También son útiles para fabricar artículos especiales, como material médico, en un medio estéril (superlimpio). Ahorran a las personas todo el engorro de entrar y salir del espacio estéril.

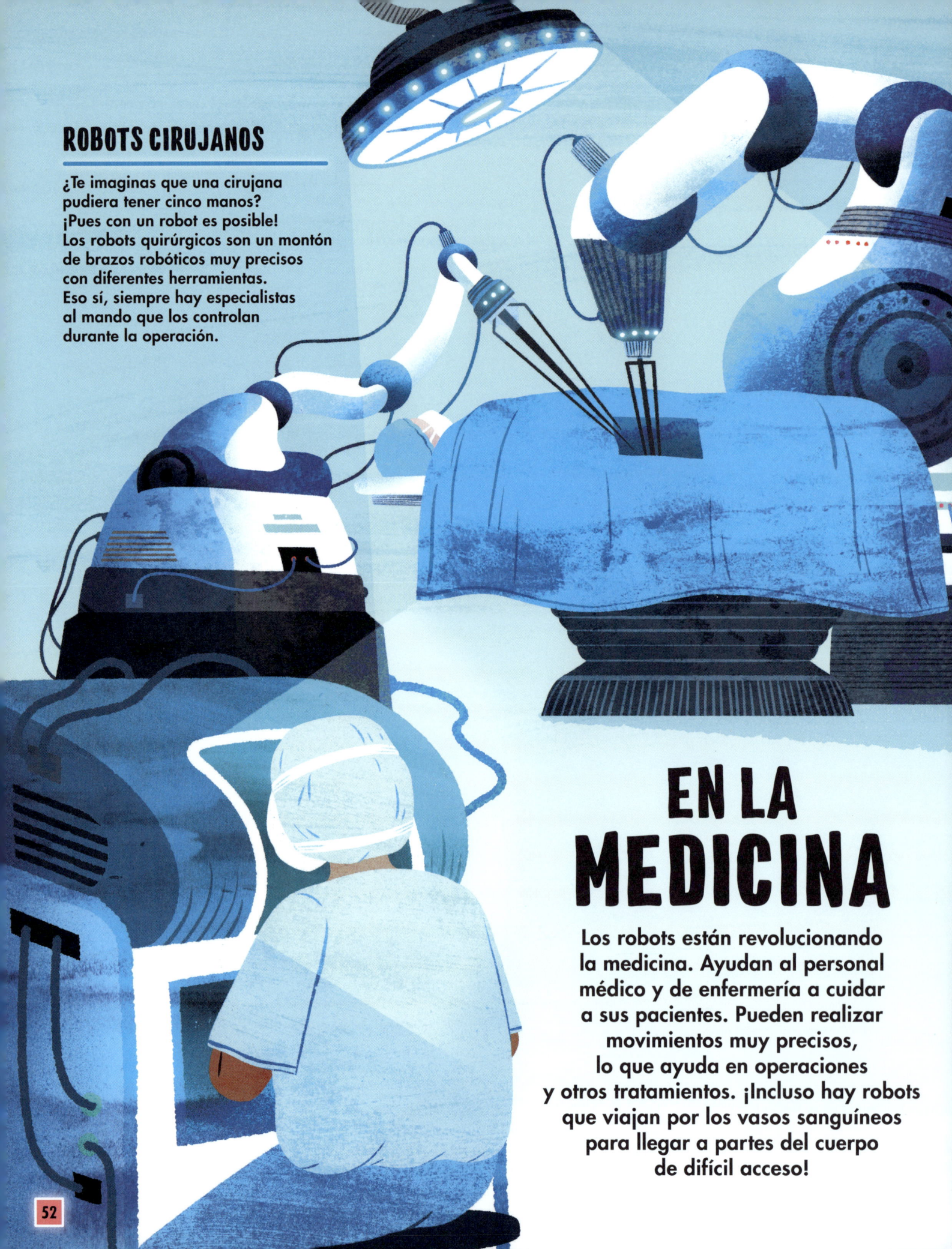

ROBOTS CIRUJANOS

¿Te imaginas que una cirujana pudiera tener cinco manos? ¡Pues con un robot es posible! Los robots quirúrgicos son un montón de brazos robóticos muy precisos con diferentes herramientas. Eso sí, siempre hay especialistas al mando que los controlan durante la operación.

EN LA MEDICINA

Los robots están revolucionando la medicina. Ayudan al personal médico y de enfermería a cuidar a sus pacientes. Pueden realizar movimientos muy precisos, lo que ayuda en operaciones y otros tratamientos. ¡Incluso hay robots que viajan por los vasos sanguíneos para llegar a partes del cuerpo de difícil acceso!

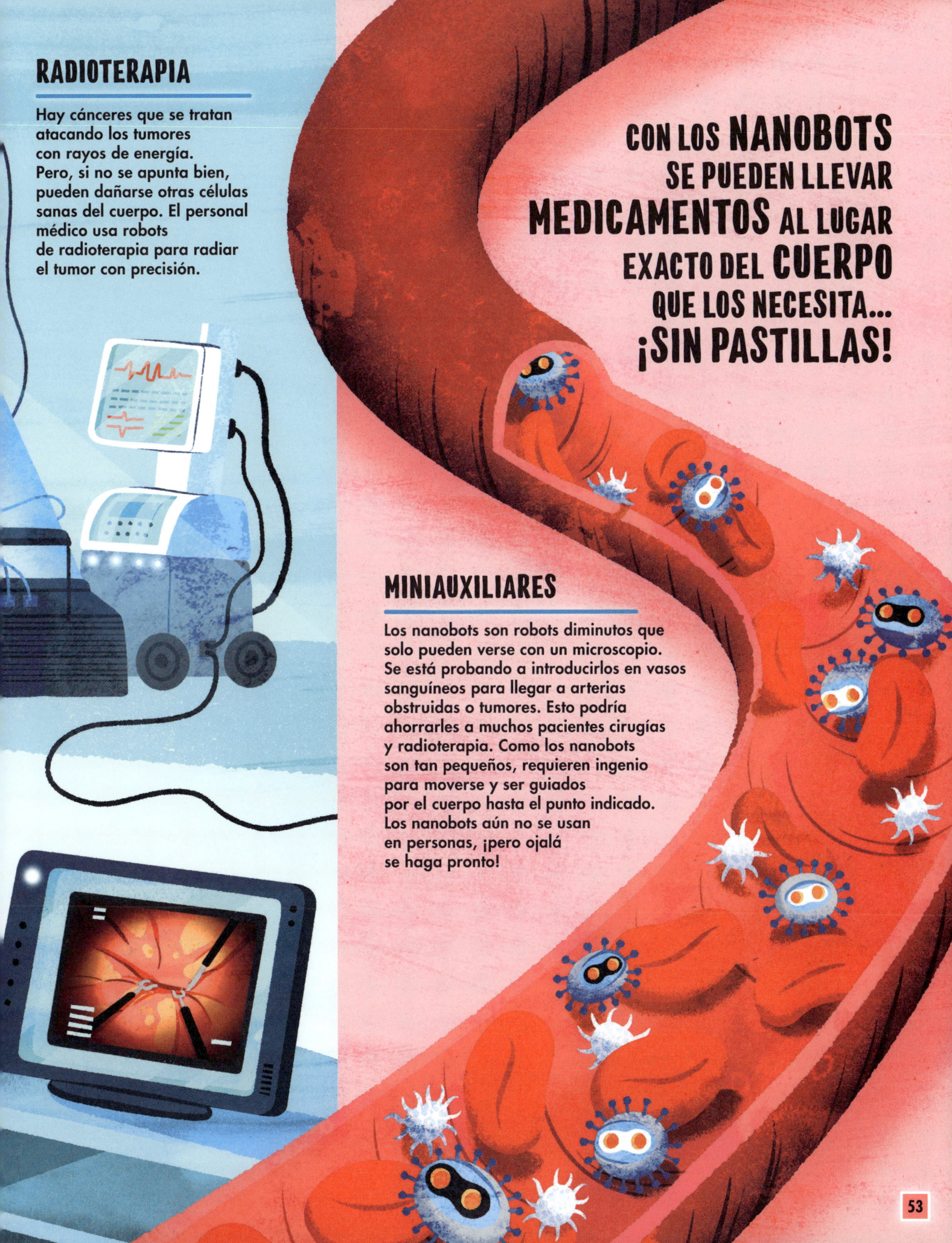

RADIOTERAPIA

Hay cánceres que se tratan atacando los tumores con rayos de energía. Pero, si no se apunta bien, pueden dañarse otras células sanas del cuerpo. El personal médico usa robots de radioterapia para radiar el tumor con precisión.

CON LOS **NANOBOTS** SE PUEDEN LLEVAR **MEDICAMENTOS** AL LUGAR EXACTO DEL **CUERPO** QUE LOS NECESITA... ¡SIN PASTILLAS!

MINIAUXILIARES

Los nanobots son robots diminutos que solo pueden verse con un microscopio. Se está probando a introducirlos en vasos sanguíneos para llegar a arterias obstruidas o tumores. Esto podría ahorrarles a muchos pacientes cirugías y radioterapia. Como los nanobots son tan pequeños, requieren ingenio para moverse y ser guiados por el cuerpo hasta el punto indicado. Los nanobots aún no se usan en personas, ¡pero ojalá se haga pronto!

ROBOTS REPARTIDORES

¿Alguna vez has pedido una pizza y has tenido que esperar un montón a que llegara? ¡Qué rabia! El futuro está en los robots repartidores. Funcionan en interiores y exteriores para hacer entregas más rápidas. Algunos están siempre en la calle y deben tener cuidado con ciertos peligros, como los animales, la suciedad y las condiciones meteorológicas.

ATENCIÓN AL PACIENTE

En los hospitales, los robots de reparto pueden llevar material, ropa de cama y alimentos a la habitación de los pacientes. A veces, tienen un compartimento cerrado para llevar también medicamentos. Deben tener cuidado con las camillas y equipos médicos y tienen que saber cómo usar las puertas automáticas.

¿HAY ALGUIEN EN CASA?

Los robots de reparto a pie de calle llevan paquetes a domicilio. Suelen tener un mapa local detallado y, para orientarse, utilizan el GPS, que funciona por satélite. Como van por las mismas aceras que nosotros, deben saber reconocer los cruces de carreteras y el tráfico.

¡AQUÍ ARRIBA!

En las entregas aéreas, los robots voladores (o drones) dejan caer paquetes donde se necesitan. Pueden llevar alimentos y medicinas a comunidades aisladas a las que es difícil llegar por tierra.

SERVICIO DE HABITACIONES

¿A que alguna vez se te ha olvidado meter el cepillo de dientes en la maleta? No eres el único. En los hoteles, un robot puede llevarte un cepillo de dientes, comida o toallas limpias. Una persona tiene que cargarlos, pero luego van solos hasta la habitación. ¡Incluso subiendo en ascensor para llegar antes!

HOGAR, DULCE HOGAR

Muchos robots trabajan en espacios públicos, como hospitales y fábricas, pero otros son domésticos. Algunos de estos se usan como entretenimiento. Conseguir que los robots hagan tareas complejas como cocinar o lavar la ropa sigue siendo un reto, sobre todo porque cada casa es única: con una distribución, muebles y rutinas diferentes. ¡Hasta sus habitantes tienen distintas preferencias! Por eso, los robots domésticos deben ser capaces de adaptarse y aprender sobre la marcha.

Miniayudantes
Los asistentes personales inteligentes te despiertan y controlan tus actividades y citas importantes.

Maestros jardineros
¿No es un rollo cortar el césped o arrancar las malas hierbas? ¡Un robot puede hacerlo perfectamente!

LOS ROBOTS DE JARDÍN DISTINGUEN QUÉ PLANTAS NECESITAN AGUA PARA DESPERDICIAR MENOS.

UNA CASA DE ENSUEÑO

**Imagínate la casa de tus sueños.
Si vivieras en una con un robot,
¿qué te gustaría que hiciera?
¿Se te ocurre algo más,
aparte de lo que ves aquí?**

Estilista personal

Un robot podría
llegar a doblarte
la ropa o atarte
los botones. ¡Incluso
a darte consejos
de moda!

Clases de apoyo

Un robot podría darte
clases particulares para
repasar lo que has
aprendido en el cole.
¡O podría enseñarte
a jugar al ajedrez!

¿Qué hay para cenar?

Un robot cocinero podría
hacertete la cena. Podrías
pedirle que te haga
tu plato favorito o que
busque recetas en internet.

Mascotas robóticas

Los robots con forma
de animal son buenas mascotas.
Son juguetones y se relacionan
bien con la gente. Además,
¡no hay que recoger sus caquitas!

Todo impecable

Los robots aspiradores ya se usan
en millones de hogares. Aspiran pelo
de mascota, la comida que se te ha caído
y hasta el polvo de debajo del sofá.

¿CÓMO PUEDO AYUDARLE?

En algunos lugares, como centros comerciales, aeropuertos, restaurantes y hoteles, hay robots de servicio. Dan indicaciones, registran a huéspedes y acompañan a los comensales a su mesa. Los hay de muchas formas y tamaños, y suelen tener habilidades sociales, como conversar o mostrar expresiones faciales, para que sea agradable interactuar con ellos.

A SU SERVICIO

En los museos, los robots pueden responder preguntas de cualquier visitante y contar curiosidades sobre los objetos expuestos.

¡SÍGANME!

Algunos robots de servicio son móviles y van de un sitio a otro. Pueden ayudar a la gente a no perderse en un aeropuerto, trabajar de guías turísticos o servir mesas en un restaurante.

¡No se preocupen, no perderán su vuelo!

DE COMPRAS

Ver un robot en una tienda mola mucho. ¿No te darían ganas de entrar a echar un vistazo? Algunos robots de servicio trabajan en tiendas respondiendo preguntas y enseñando artículos. También ayudan a atraer a la clientela.

¡PASEN Y VEAN!

LO QUE DE VERDAD IMPORTA

Un campo en el que los robots sobresalen es en la ayuda a personas con discapacidad o problemas de memoria como la demencia. Los robots de apoyo pueden ayudar con capacidades físicas (como caminar o levantar objetos pesados) o cognitivas (como aprender a gestionar emociones o a tratar con otras personas). El objetivo de un robot de apoyo es lograr que una persona realice tareas que de otro modo le resultarían difíciles o imposibles.

PASO A PASO

Las personas con problemas en la parte inferior del cuerpo pueden usar exoesqueletos robóticos para andar. Detectan el movimiento de la pierna de la persona y la ayudan a dar un paso. Aunque un exoesqueleto puede aumentar la fuerza y la resistencia al caminar, normalmente también se necesita un bastón (o muletas) que aporten estabilidad.

APRENDER A UTILIZAR UN ROBOT DE APOYO PUEDE LLEVAR MESES.

UNA MANO AMIGA

Los brazos robóticos pueden ayudar a una persona con debilidad o inestabilidad en la parte superior del cuerpo a comer o cocinar. Se parecen a los humanos y tienen un rango de movimiento similar. Suelen controlarse con una palanca de mando o una tableta.

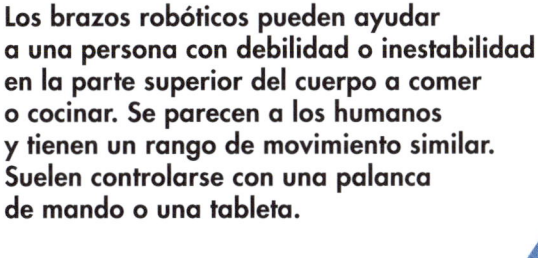

PRÓTESIS

Para sustituir brazos o piernas amputados, se están diseñando prótesis robóticas controladas por los músculos, los nervios o incluso el cerebro. Esta tecnología aún no está muy extendida, pero ya se han dado casos de personas que han manejado prótesis robóticas con la mente.

CUANDO MÁS SE NECESITA

Los robots de apoyo social ayudan con la interacción social. Por ejemplo, uno con forma de animalito adorable podría hacer compañía y relajar a mayores con demencia, igual que lo haría una mascota. También se han desarrollado robots sociales para los campos de la educación, la orientación y la terapia (páginas 22 y 23).

¿FICCIÓN o REALIDAD?

El cine y la literatura nos muestran a menudo cómo cree la gente que serán los robots del futuro. En algunas historias son héroes con superpoderes para ayudar a la gente. En otras, villanos que pretenden destruir a la humanidad. Piensa en los robots de ficción que conoces: ¿son héroes, villanos o algo intermedio?

PREGUNTAS Y RESPUESTAS

En el cine y la tele se usan a menudo robots para debatir qué significa ser humano. Muestran un futuro en el que se han conseguido crear robots más inteligentes y rápidos que nosotros para plantear preguntas. Por ejemplo, si los robots pueden hacer lo mismo que nosotros, ¿qué nos diferencia de ellos? ¿Tenemos algo único que los robots nunca podrán tener?

¿LEYES UNIVERSALES?

En su libro de ciencia ficción de 1950 *Yo, robot*, Isaac Asimov presentaba las tres leyes de la robótica, unas normas imaginarias:

1. Un robot no hará daño a un ser humano.
2. Un robot obedecerá a los seres humanos, salvo si ello infringe la primera ley.
3. Un robot se protegerá a sí mismo, salvo si ello infringe la primera o la segunda ley.

Parece sencillo, ¿no? Pues las historias de Asimov describían cómo leyes que parecen tan razonables pueden volverse en nuestra contra. ¿Las cumple tu robot de ficción favorito?

ROBOTICIAS

¿NOS DEJARÁN SIN TRABAJO?

Ya sabes que los robots son ideales para los trabajos aburridos, pesados y arriesgados. Quienes se dedican ahora a ellos podrían desempeñar otras tareas más seguras y agradables. ¡Pero también podrían perder su empleo! Nadie sabe con seguridad qué ocurrirá cuando los robots puedan hacer más cosas, pero hay dos opiniones distintas sobre cómo afectará a la población trabajadora.

TENER ROBOTS ES MALO

Si un robot puede limpiar ventanas o hacer hamburguesas gratis, ¿por qué iban las empresas a pagar a alguien por hacerlo? Estos trabajos suelen hacerlos personas con menos dinero y, si los robots se los quitaran, las personas pobres sufrirían más que las ricas.

¿SUSTITUIRÁN LOS ROBOTS A LAS PERSONAS TRABAJADORAS O LAS APOYARÁN?

TENER ROBOTS ES BUENO

Los robots mejorarán las capacidades humanas, en lugar de sustituirlas, y las personas podremos hacer los mismos trabajos más rápido. Ellos podrían realizar las tareas monótonas y nosotros podríamos dedicarnos a las creativas y divertidas. La tecnología lleva cambiando las profesiones desde el comienzo de la revolución industrial del siglo XVIII, y los robots no son una excepción.

ÉTICA DE LA ROBÓTICA

¿Deberían los robots participar en guerras? Como vimos en las páginas 48 y 49, los robots pueden volver la lucha más segura para unos, pero más peligrosa para otros. Los gobiernos del mundo se plantean esta cuestión.

¿Son los robots una amenaza para el ser humano? ¿Hay algún uso de los robots que no sea ético? ¿Deben los robots tener en cuenta la moral? La ética de la robótica estudia estas cuestiones, para las que no suele haber una respuesta indiscutible.

PERDER EL CONTROL

Como los robots tienen un cuerpo físico, pueden causar daños. Si uno rompe algo en tu casa, ¿de quién es la culpa? ¿Debe pagar los daños tu familia, o podría llegar a ser responsabilidad de la empresa que creó el robot?

¿LOS ROBOTS TENEMOS DERECHOS?

¿CREES QUE ESTÁ BIEN DEJAR TIRADO A UN AMIGO PARA QUEDAR CON UN ROBOT?

La ética de la robótica explora casos extremos: situaciones en las que la respuesta correcta puede ser inesperada. ¿Cómo responderías tú a las preguntas de esta página? ¿Cambiarías alguna respuesta en alguna situación concreta?

¿DEBERÍAN LOS ROBOTS TOMAR DECISIONES DE VIDA O MUERTE?

¿PUEDEN MENTIR LOS ROBOTS?

¿DEBEMOS LIMITAR LA INTELIGENCIA DE LOS ROBOTS?

¿DEMASIADO REALISTAS?

¿Te parecería bien si los robots hicieran creer a la gente que están vivos? Algunos pueden ser muy realistas y la gente podría considerarlos mascotas. Si alguien no puede distinguirlos, ¿deberíamos dejar que piense que es un animal de verdad?

EL FUTURO

Hasta ahora hemos hablado de cómo son los robots hoy en día. Pero ¿cómo serán en el futuro? Podrían estar hechos de materiales que aún no se han inventado, tener formas extrañas o ser capaces de hacer tareas inimaginables. La ciencia sigue investigando para construir los robots del futuro. ¿Qué tipo de robot te gustaría que existiera dentro de diez años?

IDEAS INNOVADORAS

Constantemente se inventan materiales nuevos que podrían dar a los robots habilidades especiales, como saltar muchísimo, ser superelásticos o trepar. Crear y poner a prueba un material en el laboratorio puede llevar años, pero quizá algún día se construyan robots que no sean de metal o plástico.

Unos pies con adhesivos ayudarían a los robots a trepar.

Los drones podrían volar más rápido o llevar más peso con hélices de distinta forma.

Con mejores baterías, los drones no tendrían que recargarse en tierra tan a menudo.

A TODA POTENCIA

Como los robots necesitan energía, debemos encontrar formas eficientes de crearla y almacenarla. Unas baterías mejores les permitirían funcionar durante más tiempo o en condiciones más extremas. Además, las fuentes de energía renovables, como la solar, los ayudarían a obtener sobre la marcha la energía necesaria. ¡Serían grandes inventos para los robots y para el planeta!

Si tu coche condujera solo, ¡no tendrías que sacarte el carné de conducir!

HOY, ROBO-CÓMICO

CONCURSO DE TALENTOS

Los robots pueden hacer algunas cosas como nosotros, pero aún no son muy buenos en la mayoría, sobre todo en lo creativo. Pero eso podría cambiar, porque una IA mejor traería robots más inteligentes. ¡Quizá lleguemos a ver robots monologuistas interactuando con el público!

CONSTRUYE TU PROPIO ROBOT

¿Por dónde hay que empezar a fabricar un robot? Primero debes responder las preguntas de esta página. Cada respuesta te indicará las piezas (el hardware) y el código (el software) que necesita tu robot.

¿PARA QUÉ SE USARÁ?

Tendrás que decidir el aspecto de tu robot según lo que quieres que haga. Por eso, el primer paso para construirlo es decidir su función. ¿Quieres que coja objetos, que salte muy alto o que sea capaz de ayudarte a hacer los deberes?

¿QUÉ ASPECTO TENDRÁ?

¿Quieres un robot grande o pequeñito? ¿Tiene que ser similar al ser humano, o puede parecer una máquina? Estas decisiones, basadas en la función de tu robot, determinarán su diseño físico.

¿CÓMO SE MOVERÁ?

Cuando decidas cómo se moverá tu robot, sabrás qué tipo de accionadores necesita. Por ejemplo, si va a rodar por el suelo, necesitará ruedas. Pero si va a nadar bajo el agua, tendrá que tener aletas o una hélice.

¿DE QUÉ ESTARÁ HECHO?

La mayoría de los robots están hechos con metal, plástico y cables, pero también los hay de otros materiales. Si quieres que el tuyo sea elástico o que cambie de forma, necesitarás materiales flexibles, como la silicona o la goma (consulta las páginas 36 y 37 para inspirarte). ¡Deja volar tu imaginación!

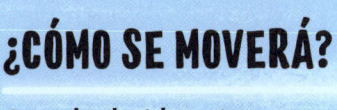

¿Y AHORA QUÉ?

¿Quieres seguir aprendiendo sobre los robots?
Ponte ya mismo a construir tus propios robots en casa
o apúntate a clases. Si quieres ser especialista
en robótica en el futuro, en el cole deberás
esforzarte en ciencias, tecnología y matemáticas.
¡Son las asignaturas que necesitarás para llegar
a la meta!

TUS PRIMEROS PASOS

Puedes construir robots sencillos
en casa con herramientas normales.
Busca en internet vídeos, libros y kits
para principiantes. Igual puedes elegir
una asignatura o una extraescolar
de robótica. También hay competiciones
internacionales en las que equipos
de estudiantes construyen robots
para ganar premios. Busca un equipo
al que puedas unirte. ¡O crea uno nuevo!

TORNEO DE ROBÓTICA

ESPECIALISTA EN ROBÓTICA

Si las ciencias y las mates no son lo tuyo, no te preocupes: ¡nos pasa a muchos! Siempre hay tiempo para mejorar en esas asignaturas. ¡Estudia, esfuérzate y anímate a hacer preguntas! Si quieres dedicarte a la robótica, tienes muchas opciones: es un campo en constante desarrollo, que requerirá todo tipo de personas con habilidades diferentes. Podrías ir a la universidad y estudiar una carrera como ingeniería robótica, mecánica o informática, o quizá hacer prácticas en una empresa que fabrique robots. Lo importante es encontrar un tema que te guste y seguir aprendiendo mientras te diviertes.

¡TE TOCA TI!

¡Guau! Ya te has leído el libro entero.
¡Mira todo lo que has aprendido sobre robots!

El campo de la robótica cambia a toda prisa. Cada día se inventan robots nuevos, así que lo que acabas de leer puede parecer prehistórico dentro de nada. El lado positivo es que se necesitan muchas personas que quieran trabajar con robots. Igual tú podrías ser una de ellas. La creación de robots incluye muchas tareas, desde el diseño del hardware o la programación del software hasta el desarrollo de nuevas formas de IA para hacerlos inteligentes.

Te guste lo que te guste, espero que este libro te motive a seguir aprendiendo sobre robótica. No importa la edad, género, nacionalidad o lengua materna: ¡cualquiera puede crear robots de última generación! Este trabajo requiere equipos de personas, que trabajan mucho mejor cuando están formados por gente diversa. Por eso, ¡tú también puedes hacerlo! Solo hacen falta curiosidad y muchas ganas de aprender. El futuro es tuyo:
¿qué vas a hacer con él?

GLOSARIO

ACCIONADOR

Parte del cuerpo de un robot, como un brazo o una rueda, que generalmente se mueve gracias a un motor eléctrico.

ANDROIDE

Tipo de robot de apariencia especialmente humana, generalmente con piel y pelo artificiales.

APRENDIZAJE AUTOMÁTICO

Tipo de inteligencia artificial en el que una máquina aprende destrezas o conocimientos a partir del ejemplo o la experiencia.

AUTÓNOMO

Término para describir una máquina que puede funcionar totalmente sola, sin ningún control humano.

CICLO PERCIBIR-PLANIFICAR-ACTUAR

Proceso de tres fases que utiliza un robot para funcionar.

COMUNICACIÓN NO VERBAL

Tipo de interacción en el que la información se transmite sin palabras, mediante señales como gestos, expresiones faciales o lenguaje corporal.

CHASIS

Parte del cuerpo de un robot que constituye su forma básica, como si fuera su esqueleto.

CUADRÚPEDO

Robot de cuatro patas.

DRON

Robot capaz de volar, también conocido como robot aéreo.

ESPECIALISTA EN ROBÓTICA

Persona que diseña, construye o programa robots.

GPS

Siglas en inglés de Sistema de Posicionamiento Global, un sistema que utiliza satélites para localizar un dispositivo en la Tierra.

HARDWARE

Componentes físicos de un robot.

HUMANOIDE

Robot diseñado para parecerse a un ser humano, normalmente con dos brazos, dos piernas y una cabeza.

INTELIGENCIA ARTIFICIAL

Capacidad de una máquina para hacer cosas propias de seres inteligentes, como razonar, planificar o hablar.

MICROCONTROLADOR

Chip informático.
En un robot, esta parte
del cuerpo controla
sus sensores y accionadores.

MOTOR

Dispositivo que transforma
energía (como la electricidad)
en movimiento. Los motores
se utilizan para mover
los accionadores.

NANOBOT

Robot enano.

PINZA

Parte del cuerpo de un robot
que le sirve para agarrar
objetos, como una mano.

REVOLUCIÓN INDUSTRIAL

Periodo histórico
(siglos XVIII-XIX) en el que
las nuevas tecnologías
desplazan a los trabajadores
desde el campo hacia
las fábricas.

ROBOT ANTIEXPLOSIVOS

Robot, normalmente
manejado por un ser
humano, que se utiliza
para desactivar o destruir
bombas.

ROBOT BLANDO

Tipo de robot construido
con materiales flexibles
o elásticos que pueden
cambiar de forma.

SENSOR

Dispositivo que permite a un
robot percibir su entorno.

SISTEMA MULTIRROBOT

Grupo de robots
conectados que pueden
actuar juntos.

SOFTWARE

Programa informático que
determina cómo actuará
un robot.

TELÉMETRO LÁSER

Dispositivo que utiliza
un haz de luz muy
concentrado para detectar
su distancia a un objeto.

VEHÍCULO SUBMARINO AUTÓNOMO

Robot que puede funcionar
en el agua sin control
humano.

VEHÍCULO TELEDIRIGIDO

Robot manejado por
un ser humano situado
a cierta distancia.

ÍNDICE ALFABÉTICO

fundación sm

La Fundación SM destina los beneficios de las empresas SM a programas culturales y educativos, con especial atención a los colectivos más desfavorecidos.

Si quieres saber más sobre los programas de la Fundación SM, entra en **www.fundacion-sm.org**

Agradezco inmensamente a Sam Priddy, Malu Rocha y al equipo de Neon Squid que me hayan dado la oportunidad de transmitir mi pasión por la robótica. Gracias a Alison Morris y Gareth Hinds por poner a mi disposición sus conocimientos editoriales en mi primera incursión en el mundo de los libros. También quiero agradecerle a Eleanor Parno, una de mis primeras lectoras, que sus ideas hayan hecho que este libro sea muchísimo más divertido. Gracias a todos mis colegas de la Universidad Carnegie Mellon por su paciencia contándome cómo le explicarían a los niños su área de la robótica; y en particular a Zeynep Temel por las productivas conversaciones para que yo pudiera describir los cuerpos de los robots. Cómo no, gracias también a mi familia por su apoyo incondicional en mis locas aventuras. Y, como siempre, a Greg, mi sol.

LITERATURASM·COM

Primera edición: junio de 2025

Dirección editorial: Berta Márquez
Edición ejecutiva: Patrycja Jurkowska
Coordinación editorial: Alejandra González
Dirección de arte: Lara Peces

Título original: *Robots*

© del texto: Henry Admoni
© de las ilustraciones: Amy Grimes
© traducción del inglés: Isabel Hurtado de Mendoza Azaola
© Ediciones SM, 2025
    Impresores, 2
    Parque Empresarial Prado del Espino
    28660 Boadilla del Monte (Madrid)
    www.grupo-sm.com

ISBN: 978-84-1182-897-0
Depósito legal: M-23477-2024
Impreso en China / *Printed in China*